16° Lb 56 3295 A

Bruxelles
1866

Rogeard, Louis-Auguste

*Les Propos de Labienus (précédé de)
L'Histoire d'une brochure*

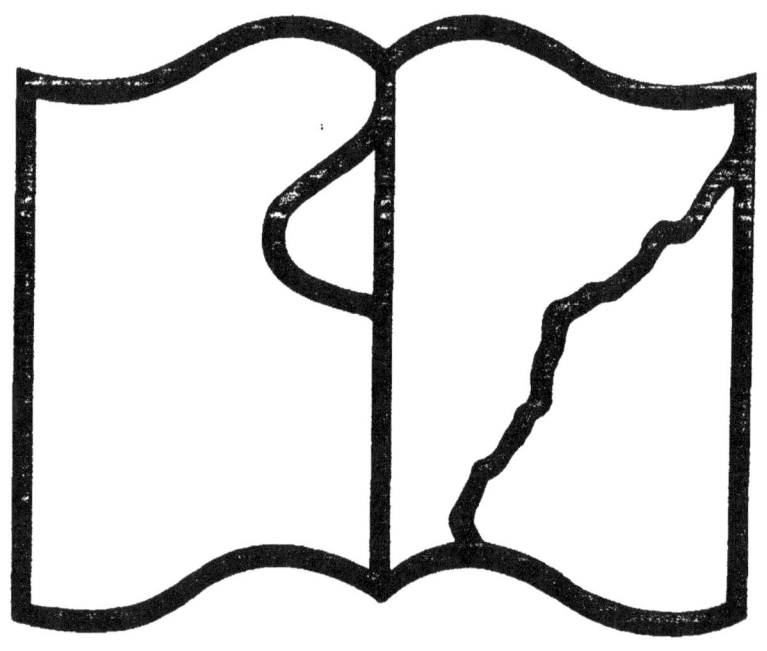

**Symbole applicable
pour tout, ou partie
des documents microfilmés**

Texte détérioré — reliure défectueuse

NF Z 43-120-11

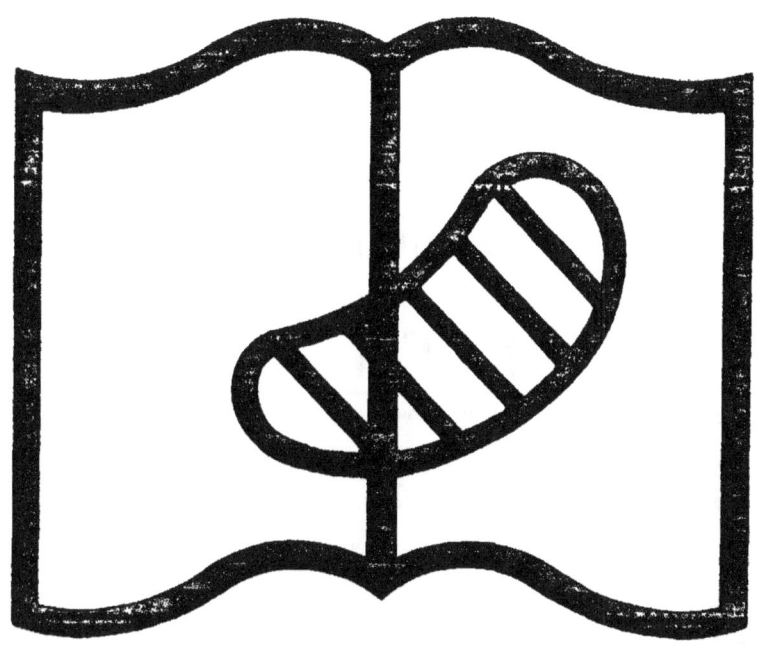

Symbole applicable
pour tout, ou partie
des documents microfilmés

Original illisible

NF Z 43-120-10

A. ROGEARD.

LES PROPOS
DE
LABIENUS

ÉDITION DÉFINITIVE

(DIXIÈME ÉDITION BELGE)

PRÉCÉDÉE DE

L'HISTOIRE D'UNE BROCHURE

R. F.

BRUXELLES
CHEZ TOUS LES LIBRAIRES

1866

Droits de reproduction et de traduction réservés

Les éditions de ce livre, non revêtues de la signature de l'auteur, doivent être réputées contrefaites.

Bégeard

les Minimes, 51.

A. ROGEARD.

LES PROPOS
DE
LABIENUS

EDITION DEFINITIVE

(DIXIEME EDITION BELGE)

PRECEDEE DE

L'HISTOIRE D'UNE BROCHURE

R. F.

BRUXELLES
CHEZ TOUS LES LIBRAIRES.
—
1868

Droits de reproduction et de traduction réservés

HISTOIRE
D'UNE BROCHURE

HISTOIRE

D'UNE BROCHURE

Voilà bien du bruit pour un article de journal ! mais cet article est devenu une brochure, dont la vente, en une heure, a été un petit succès, qui est devenu un gros délit, lequel a engendré un second succès, suivi d'une série de condamnations également fécondes et de violences toujours salutaires, qui dure encore.

Cette petite brochure a donc une histoire ; je veux la raconter. Un concours inouï de circonstances en a fait un des signes du temps ; je veux observer ce signe. Elle a été l'occasion d'un mouvement d'opinion ; je veux étudier ce mouvement. Je ne crois pas céder à un sentiment de vanité puérile, mais seulement à une des nécessités de l'action que j'ai entreprise contre l'empire. S'il est vrai que dans cette petite escarmouche littéraire j'ai remporté sur l'ennemi de la France un léger avantage, il doit m'être permis de rédiger moi-même mon rapport de bataille et mon bulletin de victoire.

Tous les jours les exploits les moins authentiques sont très-pompeusement racontés par les plus contestables héros ; on lit des descriptions de victoires au Mexique et de châteaux en Espagne, et on y trouve un plaisir extrême ; le genre autobiographique est toléré, et même goûté ; on lit les mémoires de Véron et les rapports de Bazaine ; on peut bien me passer ce qu'on leur passe ; d'autant que l'histoire de ma brochure n'est pas la mienne ; je n'étais pas même présent à toutes ses aventures ; *Sine me, liber, ibis in urbem* ; je ne les sais guère que par les journaux. Je dirai ce que j'en sais aujourd'hui, dans l'intérêt des bibliographes, et aussi de quelques autres. J'ai fourni une occasion au public de bien faire, et au pouvoir de faire des sottises ; tous les deux l'ont saisie : voilà toute ma part ; le reste est la leur : je raconte les gestes de l'opinion.

Je n'ai d'ailleurs aucun goût pour l'autobiographie; j'en redoute les difficultés, et je n'aborde qu'avec répugnance un travail plein de dangers pour moi. Mais je le crois utile parce qu'il peut nuire à l'empire en signalant sa faiblesse, multiplier ses ennemis en les comptant, et augmenter leur force en la leur montrant, et j'ai pris le parti de rédiger moi-même cette petite histoire, parce que j'en ai réuni en assez grand nombre les éléments, et que je suis peut-être le témoin le mieux informé.

Je n'ai donc nullement la fantaisie de me jouer une sérénade, ni de me décerner une ovation, ni de me décorer moi-même: je ne crois pas être si sot; je ne veux pas chanter la victoire d'hier, mais bien livrer le combat d'aujourd'hui; je ne veux pas louer ma brochure, mais la continuer; compter les coups, mais les redoubler; ajouter au bruit, mais au bien que ma publication a pu faire. Si je n'avais d'autre souci que d'étendre ma renommée, point ne serait besoin d'y travailler moi-même; j'ai mes gens pour cela; je puis me reposer de ce soin sur d'autres qui s'en acquittent mieux que je ne saurais le faire: j'ai pour cette besogne des rois et des empereurs.

Dans les derniers jours de février 1865, mon ami Longuet, l'un des principaux rédacteurs de *la Rive gauche* qui en était alors à son quinzième numéro, me dit : — Le livre de l'empereur paraît demain; la préface est dans les journaux. Il nous faut un compte-rendu. Vous avez fait de l'histoire romaine dans notre journal; le sujet vous appartient; nous comptons sur vous.

— Il m'est impossible, lui répondis-je, de faire un compte-rendu proprement dit, de traiter ce livre comme un livre, et cet homme comme un auteur; il m'est impossible de penser à lui sans éclater de colère, et à son livre sans éclater de rire; éclats de colère et éclats de rire auraient un égal inconvénient dans votre journal: est-ce cela que vous voulez?

— Peut-être.

— Il m'est impossible de dire sérieusement, comme tant d'autres, *l'illustre écrivain, l'auguste personnage, l'historien couronné*, et je ne dirais pas : *Sa Majesté*, pour un empire ; il m'est impossible de nommer cet homme sans le maudire, de le rencontrer sans le combattre, et de le toucher sans le tuer.

— Que n'est-il par vous nommé, rencontré et touché!

— Je ne puis donc rendre à *la Rive gauche* le service qu'elle me demande. J'ignore l'art de glisser sur les sujets scabreux ; je risquerais de rompre la glace et de m'y enfoncer ; je ne sais pas danser sur des œufs sans les casser, ni jongler avec les couteaux de la critique autour de la tête d'un empereur ; j'ai la main aussi lourde que le pied ; je ne saurais diriger ni mes pas ni mes coups ; je ferais quelque maladresse.

— Qu'importe ?

— Non, non ! ne me tentez pas ! Si je faisais un article, ce ne serait que pour prouver qu'on n'en doit pas faire, pour vous expliquer mon refus. Mieux vaut le dire que de l'écrire ; ce serait, vous le voyez, un article politique à faire sauter le journal ; cela vous convient-il ?

— Parbleu !

Huit jours après, le journal donnait la première partie des *Propos de Labiénus*. Le samedi suivant, le dix-septième numéro fut ajourné, par suite de difficultés matérielles survenues entre l'administration et l'imprimeur, et non pour d'autres causes, comme cela a été dit et ensuite répété assez légèrement par le procureur impérial, trop peu soucieux d'informations exactes. Huit jours plus tard, quinze jours après la publication de la première partie, la samedi à 8 heures du soir, la brochure entière parut. A 10 heures, l'édition (de 1,500) était à peu près épuisée. Le lendemain les libraires vendaient à des prix capricieux les exemplaires mis en réserve par leur prévoyance. Jusque-là, pas de poursuites. Nous avisâmes le dimanche et le lundi à un second tirage de 5,000 exemplaires. Le mardi tout était calme encore. Le convoi de Morny, comme diversion, n'avait pas été inutile. La mort d'un coquin est toujours bonne à quelque chose.

Ce n'est que le mercredi que les choses commencèrent à se gâter : l'imprimeur manifestait quelque inquiétude ; il commençait à se méfier de l'histoire romaine ; les noms en *us* lui étaient devenus suspects. Notre seconde édition était tirée ; il ne voulait pas la livrer, elle restait chez le brocheur, sous séquestre. Même d'ingénieuses précautions avaient été prises pour que, livrée, elle ne pût servir. Nos instances furent inutiles ; on ne refusait pas absolument, mais on voulait consulter *des amis*. Je devins soucieux à mon tour. J'allai chez un autre imprimeur, et revins une dernière fois chez le premier, qui m'annonça la présence du commissaire :

« Monsieur, un homme est là qui veut parler à vous ;
Il est vêtu de noir et parle d'un ton doux. »

M. le commissaire m'offrit immédiatement une place dans sa voiture. Il avait deux visites à faire, une chez le brocheur, la seconde chez moi; il voulait bien commencer par moi. Je l'invitai à ne pas se gêner; je lui dis que je pouvais aller à pied et l'attendre chez moi; il renouvela sa politesse; il était accompagné d'un *ami*; il insista; je ne crus pas *pouvoir* refuser. Avec l'imprimeur, je pris place dans l'équipage de M. le commissaire. La conversation fut peu animée. Nous montâmes à mon quatrième, M. le commissaire, son ami et moi. Ce commissaire était M. Marseille, un homme bien connu dans le journalisme; vous n'êtes pas sans avoir vu sa signature dans la première colonne des journaux, au bas de certains articles spéciaux, qui remplacent souvent les premiers-Paris, sous l'Empire; c'est un commissaire de lettres. Sa visite fut courte et presque discrète. Il voulut bien n'ouvrir qu'un tiroir, celui qui renfermait ma correspondance; il daigna la parcourir avec un visible intérêt, et n'emporta qu'une douzaine de lettres signées la plupart de noms connus dans la politique et dans la littérature, renfermant des éloges de la brochure, partant délictueuses ou sentant le délit, aggravantes pour moi, pièces à conviction.

Je ne les ai pas revues, mes chères lettres, et ne les reverrai jamais; je demande pardon à leurs auteurs de les avoir si mal gardées; la police, comme l'avare Achéron, ne lâche pas sa proie. Une statue, à moi enlevée, dans une autre visite, ne m'a jamais été rendue non plus, mais j'en ai vu un jour une toute pareille ornant la cheminée d'une salle de la préfecture de police. En changeant de domicile, la *Liberté armée* était devenue une cantinière ou une impératrice, et servait encore. Il y a des gens de police qui se forment des musées et des bibliothèques, comme il y a eu un juge d'instruction qui se composait une collection d'autographes; l'empire aime les arts!

Au bout d'une demi-heure, mon commissaire prit congé de moi, en me demandant la permission d'emporter, outre mes lettres, une dizaine de numéros de *la Rive gauche*, et en me priant de l'aller voir, rue de Jérusalem, le lendemain matin. On voit que ces sortes de visites ressemblent à celles du jour de l'an, dans ce sens qu'elles sont périodiques, cérémonieuses et accompagnées de petits présents au visiteur; elles en diffèrent en ce qu'elles sont plus difficiles à éviter. Je donne ces détails sur une chose commune aujourd'hui, parce qu'elle semblera extraordinaire demain. Après l'empire, tout cela sera de l'archéologie ; j'écris pour les antiquaires de l'année prochaine.

Les deux jours suivants, les cris alarmants se multipliaient autour de moi. Boitelle avait dit : « *C'est un assassinat moral !* » Un autre agent du même ordre : « *Le laisserons-nous se promener, à notre barbe, sur le boulevard ?* » un troisième : « *Qu'est-ce que nous pourrions bien faire de cet homme-là ?* »

Cependant je voulais encore être jugé ; je ne me proposais qu'une manifestation d'audience, une protestation judiciaire, comme celle que j'avais menée à bonne fin, à travers quatre juridictions, dix ans auparavant, dans l'*affaire de la Sorbonne*. C'était peu, mais je m'en contentais. Je ne crois pas à la résistance légale, comme système, comme tactique permanente: je l'accepte comme accident de la lutte, et à la condition de la rectifier d'une forte dose de résistance révolutionnaire. Je veux bien qu'on enferme l'empereur dans sa propre constitution, pourvu qu'on l'étouffe, et qu'on entre dans la machine, pourvu qu'on la casse ; mes concessions ne vont pas plus loin, et comme la résistance légale pure n'a pas encore produit ce résultat, je me crois permis de douter de sa vertu.

Je me proposais donc une manifestation de la sixième chambre, rien de plus ; je voulais fournir une occasion à un avocat républicain, voilà tout. Je consentais à courir le risque de l'arrestation préventive, ou en audience, et à payer un bon discours de deux ans de liberté. Je m'étais assuré le concours d'un de ces hommes qui savent que dans un procès politique c'est une idée et non un client qu'il faut défendre, d'un homme qui se soucie moins de plaider que de protester. J'espérais même avoir deux défenseurs, et amener en face de la magistrature bonapartiste deux combattants redoutables, un pour les coups de massue, l'autre pour les coups de tonnerre.

Mon siége était ainsi fait, lorsque de vingt côtés, vingt voix amies, en moins d'une heure, me crièrent : Fuyez ! on connaît la justice sommaire de l'empire, on sait combien de victimes ont été enlevées, emprisonnées, transportées, exécutées sans jugement. Fuyez ! c'est-à-dire ne vous soumettez pas à une justice qui n'en est pas une, ne comptez pas sur l'arbitraire ; il y a encore moins de juges ici qu'à Berlin, où il n'y en a guères ; ne vous livrez pas à une loi qui est un piége, à des magistrats qui sont des malfaiteurs, à un chef d'état qui est un assassin. Fuyez !

non pas la justice, mais la violence; non pas Paris, mais Cayenne!

Le conseil était bon; je le suivis.

Le lendemain, à midi, le juge d'instruction de Gonet qui m'attendait dans son cabinet, reçut, à ma place, la nouvelle de mon arrivée à Bruxelles. On a écrit que j'étais parti déguisé en prêtre; il n'en est rien. Je suis loin de blâmer l'emploi d'une ruse aussi innocente. Un des hommes les plus vénérés de la proscription française de Londres a fui sous ce costume la justice du Deux Décembre. On n'est pas plus coupable de se déguiser en prêtre qu'en sauvage. Ce sont des déguisements qui rappellent un état primitif et inférieur de l'esprit humain, voilà tout. En quoi serait-on coupable de porter une demi-journée un habit que tant de braves gens ont porté toute leur vie? J'employai une ruse aussi innocente et encore plus simple, que je passerai sous silence pour qu'elle puisse servir à d'autres.

M. Marseille m'avait averti que l'affaire serait menée promptement et que j'aurais le privilége d'une justice accélérée. En effet, le vendredi suivant, à l'audience de la sixième chambre, M. Malher, républicain sous la république et journaliste en temps de liberté; impérialiste sous l'empire, accusateur public en temps d'autorité, et serviteur en temps de domesticité, après m'avoir un peu calomnié, selon l'usage, pour le besoin de la cause de son avancement, demanda pour moi à ses compères l'application du maximum de la peine ; ce qui était convenu et fut accordé.

J'avais été condamné jadis à six mois de prison pour outrage à un fonctionnaire impérialiste ; cette fois je fus condamné à cinq ans pour offense à l'empereur. Ces gens-là se plaignent sans cesse d'être outragés, offensés, méprisés, et leurs plaintes ne sont pas sans motifs ; ils se disent offensés, et le sont en effet. D'où vient cela ? n'y a-t-il pas là un enseignement ? Ils ont si bien prévu le mépris public, qu'ils sont armés d'une loi spéciale pour le repousser, et cette loi, ils l'invoquent à chaque instant. Il ne se passe pas de semaine que Sa Majesté ne se déclare méprisée ; autrefois les Majestés se disaient *lésées* : c'était plus décent. Celui-ci se sent méprisé et il en convient ; tous les soirs il se dit : « Voyons ! qui est-ce qui m'a méprisé aujourd'hui ? » On dirait que l'outrage lui rapporte comme à l'huissier des *Plaideurs* ; il montre sa joue et dit : « Tâtez plutôt ! » et compte les soufflets. Tous les vendredis on l'entend crier : « A moi, mes juges ! on me méprise ! Greffier, écrivez que je suis méprisé. A moi Gaujal! à moi Vignon! Frappez, condamnez, emprisonnez, et faites payer pour que je sois considéré. Je ne serai jamais plus estimé que lorsque vous me déclarerez bien méprisé. Que la sixième chambre retentisse, que la *Gazette des Tribunaux* soit pleine, que les oreilles du public soient rebattues, comme les miennes et comme les vôtres, messieurs, du mépris du gouvernement! C'est ainsi qu'un gouvernement fort sait se faire respecter! »

J'ai connu en prison un brave homme condamné pour offense à l'empereur. Il n'avait pourtant jamais rien publié sur le césarisme français ou romain, ni écrit dans *la Rive gauche*. Son délit était oral : il l'avait commis dans sa chambre à coucher, en causant avec sa femme ; d'une pièce voisine, un domestique l'avait entendu, et dénoncé. Il fut acquitté par la cour d'appel qui ne reconnut pas le délit de confidence conjugale. Rendons hommage à la magistrature française! Les juges de Nantes acquittèrent aussi un citoyen accusé d'avoir prêté à son voisin un imprimé subversif ; ils voulurent bien reconnaître que prêter n'était pas colporter. On acquitte quelquefois, on poursuit toujours, et on a ainsi pour soi les bénéfices de la terreur réelle et de la justice apparente.

La statistique de ces délits et de ces poursuites serait instructive ; il est à désirer qu'on la fasse ; elle a été faite pour le roi de Prusse. J'y vois que ce monarque a reçu et enregistré 60 offenses publiques en 1861 ; 81 en 1862 ; 179 en 1863, et 177 seulement en 1864. Voilà donc une majesté qui se plaint d'avoir été offensée 497 fois, en quatre ans !

« Triste destin des rois ! »

Ce sont pourtant là des faits qu'il importerait de comprendre et dont il serait utile de découvrir la loi. Rien de plus inintelligible et de plus désespérant, si bien réellement, comme on le dit, la monarchie est l'ordre, et si les rois sont des vice-dieux ; mais rien de plus simple et de moins affligeant, si, comme on commence à le savoir, la monarchie est une violation des lois les plus sacrées de l'humanité, et si les rois sont les derniers représentants de l'enfance de la politique, monstrueux produits de l'ignorance publique et personnifications du désordre. Il est naturel que les ennemis de tout le monde soient outragés, offensés, méprisés par tout le monde. Il est naturel aussi, et partant nécessaire, que toutes ces protestations isolées et successives se réunissent un jour pour éclater ensemble en protestation uni-

verselle. Alors se produisent, sur toute la surface
d'un pays, ces grandes explosions de colères qu'on
appelle des révolutions. C'est la justice des choses
qui se lasse des hommes, et ne peut plus attendre,
et s'accomplit à leurs dépens, et redresse leurs
erreurs, et rétablit violemment les rapports troublés par leur ignorance, et les ramène irrésistiblement à l'observation de leur loi.

La revendication de la nature est éternelle; elle
ne laisse pas violer ses lois impunément, pas plus
ses lois morales que ses lois physiques; l'homme
ne lutte contre elle un instant que pour être finalement écrasé; les révolutions sont l'inévitable
dénoûment de cette lutte aveugle contre les lois
qu'il ignore. Le jour où l'homme connaîtra sa loi,
il l'accomplira, et s'il l'accomplit, plus de lutte
contre la nature, plus de revendication, plus de
révolution. L'ignorance étant la cause du mal, la
science en est le remède. Or, entre toutes les formes de gouvernement possibles et imaginables, il
est bien clair qu'il n'y en a qu'une qui corresponde aux données de la science, et que toutes les
autres lui sont contraires, c'est-à-dire contraires à
la nature humaine, en lutte avec elle, destinées
à être, tôt ou tard, écrasées par elle et emportées
par une révolution.

La monarchie est une de ces formes de gouvernement, antiscientifiques, antinaturelles, antihumaines, partant instables et perpétuant fatalement les révolutions; mais, de toutes les monarchies pures, la plus instable est la monarchie militaire. C'est aussi la plus odieuse et la plus méprisée. La force que le progrès tend à éliminer des affaires humaines, la force qui ne doit être rien, ici est tout; de là le mépris, mépris qui n'a eu d'égal sous aucune monarchie, même à la veille de sa chute.

Le malheureux empereur des Français s'est toujours plaint d'être mal entouré, de n'avoir autour de lui que des gens qui lui ressemblent, de ne pouvoir enfin rallier un seul honnête homme, si bien que, en voulant se placer au-dessus de la loi et au-dessus de la nation, il s'aperçut un jour qu'il s'était mis hors la nation et hors la loi, et qu'il régnait à côté de la France, comme les bohêmes vivent en marge de la société. Bientôt il se plaindra de n'être plus entouré du tout. Les vieilles complicités se retirent peu à peu de la vieille tyrannie aux abois :

« L'intérêt les unit, l'intérêt les sépare. »

le cercle s'élargit, le vide se fait. Quelques-uns,

comme Rouher, Rouland, et même Boissy, se disent encore bonapartistes dans la vie publique, il faut bien que ces comparses récitent la fin de leur rôle jusqu'à ce que la toile tombe, mais dans la vie privée, personne n'a le triste courage de se dire bonapartiste, personne, pas même Duruy qui, le lendemain de son serment, disait : « Je ne suis plus un homme; » pas même Bonaparte, qui s'est dit républicain avant et depuis l'empire, qui n'a jamais osé affirmer nettement sa pensée monarchique, qui, tout en ramassant les débris du passé, affecte le langage des temps nouveaux, et ne cite en parlant que « *volonté nationale, suffrage universel, principes de 89, démocratie impériale et socialisme napoléonien;* » qui, une fois même, a parlé de coiffer le bonnet rouge, et serait capable, comme son oncle, de se dire *empereur de la République française*, et qui, comme lui, n'ayant jamais eu ni opinion, ni principes, ni règle, ni système, croit être un roi et n'est qu'un traître.

L'histoire ne s'y trompera pas, et le temps présent ne s'y est pas trompé. Jamais cette monarchie n'a été prise au sérieux, même comme monarchie; ce sera l'honneur de la France, je parle de la France intelligente, d'avoir isolé l'usurpation de 1851, comme l'invasion de 1815 ; d'avoir compris que Bonaparte était plus *étranger* que Blücher, et d'avoir mis l'empire à la quarantaine.

Le titre de bonapartiste est chez nous un objet de risée, de dégoût ou d'horreur ; personne ne le revendique ni ne l'accepte. Nous avons vu des personnages officieux, et même officiels, des magistrats, des journalistes, repousser cette épithète comme la plus mortelle injure. C'est là un fait que chacun peut observer journellement et qui a sa signification. Il en résulte que nous avons un empire sans impérialistes, mais aussi sans rebelles, que personne ne veut attaquer ni défendre, et que tout le monde supporte. Neutralité coupable ! Être hostile ou complice, braver le danger ou braver la honte, dilemme redoutable, mais inévitable ; beaucoup hésitent, personne n'échappe, car ne pas nuire à l'empire, c'est le servir ; ne rien faire, c'est lui faire du bien, c'est prolonger son bail de tolérance.

Si le mépris d'une nation pour son gouvernement suffisait pour le renverser, celui-ci ne resterait pas debout si longtemps. Chose singulière, et que je crois comprendre, c'est ce mépris même qui le protége et prolonge de quelques jours sa durée. On le sait si faible, si peu viable, si caduc; on est si sûr qu'il va tomber par la force des choses et sous le poids de ses fautes, qu'on néglige de donner le dernier coup à son agonie. Que sert de tuer un mourant? à quoi bon démolir une ruine? il est le meilleur artisan de sa perte; laissons-le faire!

Je ne dis pas qu'on raisonne bien, mais je dis qu'on l'estime peu et qu'on ne le craint guères.

Tel était l'état de l'opinion quand ma brochure fut publiée, et si je n'ai rien ajouté à cette opinion, j'ai du moins contribué à la faire connaître. Là est l'explication de ce succès extraordinaire, démesuré, disproportionné, étrange, qui a étonné tout le monde, mais personne plus que moi, si ce n'est l'empereur. J'ai eu le bonheur de me rencontrer avec l'opinion générale, de mettre sur le papier ce que chacun avait dans la tête, d'être, une minute, un homme *représentatif*, de donner une voix au sentiment commun. J'ai eu le mérite de la première clef forée qui intervient dans la représentation d'une mauvaise pièce, j'ai sifflé le premier, j'ai salué de la première huée l'insolence de l'*auteur* et la sottise du *livre*; j'ai fait entendre, en face de Néron joueur de flûte, un premier éclat de rire que tous les échos de l'Europe ont répété ; j'ai poussé contre l'empire un cri d'indignation, auquel des milliers de voix ont répondu, et en me répondant, toutes ces voix qui s'ignoraient se sont connues et comptées et en ont appelé d'autres qui ont répondu à leur tour. Tel a été ce succès dans sa cause et ses conséquences.

Le choix d'un sujet sur lequel tout le monde était d'accord, voilà ma part dans mon œuvre, que je n'ose plus appeler *mienne* quand je vois tout ce qu'elle doit à la collaboration du public. Son succès est, comme on le voit, un succès d'opportunité dû à un concours inouï de circonstances, que j'énumérerai tout à l'heure. Terminons d'abord son histoire, ou plutôt celle du mouvement d'opinion qu'elle a provoqué. Les petits faits qui me restent à raconter sont la plupart trop personnels pour qu'il me convienne d'y insister ; je me contenterai de mentionner rapidement ceux qui me semblent être des indices du progrès des aspirations libérales et de l'évanouissement des illusions napoléoniennes.

En Belgique comme à Paris, le succès prit des proportions inusitées, quelquefois des formes piquantes. À Paris, des exemplaires furent vendus par ceux-là même qui les avaient saisis et devaient les détruire, et la police ne les prenait d'une main que pour les rendre de l'autre ; je sais bien que cette propagande d'un nouveau genre prouve moins le goût de la chose propagée que celui des petits bénéfices, mais j'y vois un signe de la curiosité du public pour un écrit de protestation. On le lisait en location, on le lisait en copie, et les copistes faisaient leurs affaires. On le lisait dans les régions orageuses, et dans les régions sereines, dans les écoles et au sénat. Des collégiens faisaient des copies : on les licencia ; des sénateurs faisaient des mots : je suppose qu'on leur donna un pensum. Dans une librairie on demandait *la brochure*, tout court, sans dire le titre. Dans une autre, un acheteur se présente sans rien dire du tout ; on lui *répond :* « Il n'y en a plus. » Le prince Napoléon s'écrie : « J'avais toujours dit que mon cousin, avec son HISTOIRE, compromettrait la famille. » Dans un salon un homme grave hasarde une critique : « Ce style est excessif, » dit-il. Il lui est répondu : « Monsieur, il n'y a dans tout ceci d'EXCESSIF que notre abaissement. » Enfin, le charbon moqueur des gamins écrit sur les murs de Paris : « Lisez *les Propos de Labiénus!* » Si les enfants s'en mêlent, mauvais signe !

si les murs commencent à parler, prenez garde!

Quand j'arrivai en Belgique, huit jours après ma publication, trois contrefaçons avaient déjà paru chez différents éditeurs, et cela dans la seule ville de Bruxelles; il y en avait d'autres en province. Le texte en était défiguré, massacré. Nouvelle preuve que c'était le sens politique, non la valeur littéraire, qui intéressait le public et faisait l'étonnant succès de cette brochure; et c'est ce qui me permet d'en parler. Plus cette valeur est mince, plus ma démonstration sera claire, plus la vérité que j'expose sera éclatante, à savoir que l'empire est universellement détesté; c'est pour cela, entendons-nous bien, c'est uniquement pour cela, c'est pour mettre en lumière cette vérité utile, que j'écris cette histoire qui, encore une fois, n'est pas la mienne mais bien celle des phénomènes d'opinion qui se sont produits autour de moi.

A partir de ce moment, des témoignages de sympathie politique me sont offerts à chaque instant. Je reçois des félicitations, des visites, des invitations de personnes qui la veille ne me connaissaient pas. Des lettres me viennent des deux bouts du monde et des deux pôles de l'intelligence, de Londres et de Genève, de Berlin et de Newport (Rhode-Island), de gens simples et de gens d'esprit, de savants et de d'ignorants, d'un grand poëte français et d'un humble cordonnier allemand.

On m'offre de fonder un journal en province, une revue à Bruxelles, de collaborer dans trois journaux belges. On m'appelle à Gand, à Bucharest, à Prague, à Berlin et en Ecosse. Partout les plus généreuses propositions me sont faites par des étrangers qui plaignent la France, et espèrent en elle encore, et ne séparent pas leurs intérêts des nôtres, et comprennent que l'empire est un fléau pour l'Europe entière.

Plus d'une fois, dans les meetings, dans les conférences, les orateurs prononcent mon nom, et les applaudissements éclatent; tout cela ne prouve pas que l'empereur soit généralement adoré.

Je considère enfin comme indices du sentiment commun des honnêtes gens sur l'empire toutes les formes variées de ce succès, — et les reproductions nombreuses du texte des *Propos*, par les journaux (*Etoile belge*, *Daily news*, *Indépendant de New-York*), — et les cent éditions faites en dehors de la mienne, — et les critiques de la brochure (*Times*, *Saturday review*, etc...) — et les biographies de l'auteur (*Anti-César, de Prague; Gazette de Leipsig; Gazette de Trèves; Petite Revue*), — et les photographies et les caricatures du même, en Belgique et en Prusse ; toutes choses qui n'intéresseraient guères le public si je ne lui étais recommandé comme un ennemi mortel de cet empire qu'il déteste ; — et les souscriptions ouvertes dans deux villes, — et le brevet d'affiliation à moi décerné par une société allemande de *rieurs*, — et la brochure américaine : *Socrate*, imitée de moi, contre moi, — et la ruse de ce libraire anglais qui offrait ma brochure en prime aux acheteurs de la *Vie de César*, — et les traductions françaises des traductions anglaise et allemande de mon texte, — et même les attaques de quelques journaux ou brochures, — et même les faux bruits. Tout cela prouve que le public s'est ému de ce petit livre qui répondait à sa grande haine contre l'empereur et le régime impérial. Ma thèse était celle de tout le monde.

Là-dessus on est unanime ; on peut être divisé sur le choix du remède, mais il n'y a qu'un avis sur la nature du mal. La France tartufiée et bonapartisée connaît parfaitement sa maladie ; elle hésite un instant pour le choix du médecin, et recule devant le traitement, voilà tout. Donc, du moment que je ne faisais que décrire la maladie, j'étais sûr de me rencontrer avec l'opinion universelle. Si vous dites aux Français : Vous sentez-vous impérialisés ? pas un qui ne baisse la tête et ne soit forcé de dire : Oui. A une demande si simple, il n'y a qu'une réponse possible. Ma brochure est cette demande; mon succès, est cette réponse.

Des faux bruits je ne citerai qu'un seul : un journal anglais prétendit que j'étais gracié par l'empereur. J'avoue que cela m'eût amusé, mais je ne l'ai pas cru un seul instant; non que je ne le croie capable de faire une sottise, oh, non! et de s'attirer une leçon, comme il en a reçu par dixaines en 1859, après l'amnistie; je ne suis pas si naïf; ce n'est pas non plus qu'un acte d'impudence, ou d'audacieuse hypocrisie, me parût invraisemblable : il a fait ses preuves; mais je savais qu'il était fou de colère; je comprenais que ses sottes ruses de tous les jours ne lui suffiraient plus, et qu'il allait tomber dans une sottise plus grande ; je pressentais que, dans sa fureur, il allait s'aviser de quelque nouveauté stupide, d'une bourde sans précédent, même dans sa vie, comme de lâcher sur moi tous ses chiens d'ambassade, et de se donner à mes dépens, et surtout aux siens, la fête d'une grande chasse impériale à travers l'Europe.

Je n'avais jamais vu un monarque pris d'une aussi belle peur. Il assemble ses ministres, en casse un (1), et perd la tête. Rien d'amusant comme sa panique; on dirait que l'empire brûle; il se démène, éperdu, et fait démener les gens pour éteindre le feu. Il fait comme les femmes qui courent pour fuir l'incendie de leur crinoline : en voulant éteindre, il allume. Il met en campagne police, ambassades et consulats, amitiés, complicités et lâchetés impériales, royales, ducales, papales et épiscopales. On saisit à Berlin, on poursuit à Madrid, on juge à Vienne, on prohibe à Pesth, on condamne à Florence, on confisque à Prague, on arrête à Cobourg, on supprime à Hambourg. Si sa fureur est plaisante, sa douleur ne l'est pas moins. Désespoir de Jocrisse! son chef-d'œuvre est en pièces, sa porcelaine est en morceaux! son livre, son cher livre qui lui a coûté tant de peine et surtout tant d'argent, objet de tant d'espérances, qui allait peut-être voiler les crimes, masquer la sottise, gazer la honte et sauver tout, le voilà jugé sur la préface, refusé sur

(1 Boudet.

l'échantillon, condamné avant d'être entendu et sifflé avant d'être lu, comme une simple *Gaëtana*.

Jugez ce que ce sera quand on en aura essayé la lecture !

Mais aussi pourquoi l'élu des Quinze-Vingts s'avise-t-il de solliciter les suffrages des Quarante ? Quand on a si bien réussi auprès des gens qui ne lisent pas, quel besoin a-t-on de se présenter à ceux qui savent lire ? C'est maladroit. Il ne fallait pas changer de public, ni sortir de sa spécialité. Tel excelle à régner, qui pense sottement ; on peut usurper avec grâce et ne pas savoir écrire ; un livre n'est pas un coup d'État, et il ne faut pas forcer notre talent ; un élu du suffrage universel aurait pu se passer d'être en même temps un fruit sec de la littérature. Voilà ce qu'on pourrait dire, et telles sont les réflexions douloureuses dont on ne peut guères se défendre, quand on considère cette aventure lamentable du fiasco impérial. Quoi qu'il en soit, je me fais un véritable plaisir de rappeler les mémorables paroles du maréchal Vaillant dans une distribution de prix : « Vous voyez, jeunes élèves, ce que peuvent les bonnes études et la bonne conduite ; vous voyez dans l'empereur un homme qui a su se faire, *par son travail*, une position brillante. »

A cette position qui paraît brillante au maréchal Vaillant, il voulait ajouter un titre qui pût éblouir Camille Doucet. Cette ambition le perdit. Il avait joué au soldat, il voulut jouer à l'auteur; mais le premier jeu était plus facile que le second, la collaboration des zouaves lui réussit mieux que celle des académiciens, la *bataille*, somme toute, l'emporte sur le *livre*, et Solferino, tel quel, vaut encore mieux que la *Vie de César*, c'est mieux imité; l'illusion est encore possible, au moins pour lui; il dit peut-être de cette bataille : « *Ma victoire*, » quand il est tout seul, mais je doute que, même seul et se parlant à lui-même, il dise jamais de son livre : « *Mon succès*. » L'ombre du malheureux Plon se dresserait devant lui et s'écrierait, d'une voix haute : « Sire, ils sont là-bas CENT VINGT MILLE, couchés dans la poussière et qui ne se relèveront jamais! — Qui? les Autrichiens? — Non, les exemplaires de *la Vie do César*. »

Il s'agissait de singer l'oncle en tout; de pouvoir dire *mon livre, ma victoire*... Après tout, on a vu des victoires gagnées par des imbéciles; mais un bon livre écrit dans les mêmes conditions, c'est ce qu'on n'a jamais pu ni voir, ni même concevoir. Il osa l'entreprendre, c'est là son originalité; je ne veux pas que, par ma faute, elle soit méconnue. Être auteur de droit divin, écrivain par la grâce de Dieu, usurpateur dans la République des lettres, il a cru cela possible, et cette folie douce d'écrire, unie à la folie furieuse de régner, lui donne une place à part parmi les héros de causes célèbres.

Je n'ai donc dit que ce que pensent tous les bons citoyens en France, et ils sont nombreux, comme on a pu le voir, chaque fois qu'une occasion leur a permis de se manifester. Je n'ai fait que mon devoir et bien étroitement, et si j'ai un regret, c'est de ne pas avoir fait davantage. Si le devoir est périlleux, qu'importe? Les empires ne sont pas faits pour rendre la vertu facile; il est, selon les temps, plus ou moins difficile d'être honnête; je sais cela, et quant aux périls, sans me les exagérer, je ne me les dissimule pas : je me contente d'en rire, pour ne pas en dégoûter les autres.

Je n'ignore pas ce que pèse la colère d'un empereur. Une excommunication majeure est moins à craindre; non pas qu'un roi puisse haïr plus qu'un prêtre, oh non! mais il a le bras plus long et un sceptre au bout; il atteint plus loin et frappe plus fort, et il a des légions d'anges (messagers) pour porter çà et là, du nord au sud, partout, les foudres de sa malédiction. Les Tuileries savent mieux tonner que le Vatican; les rieurs ne sont pas toujours du côté du foudroyé, qui n'est pas lui-même sans quelque inquiétude, qui ne goûte pas, dans cet excès d'honneur, un bonheur sans mélange, et ne peut pas prendre la chose aussi gaiement qu'un franc-maçon excommunié. Aussi les Titans qui escaladent la papauté sont-ils plus nombreux que les pauvres diables qui donnent l'assaut à l'empire; les pauvres diables deviendront légion, c'est vrai, et plus nombreux que l'armée de Sennachérib : aux derniers la victoire, mais aux premiers les coups. En attendant, le soldat d'avant-garde récolte peu de lauriers et pas mal de horions. Tout n'est pas roses au plus fort de son succès, et il a dans son lot plus de mauvaises chances que de bonnes. Il ne faut pas qu'il compte trop sur l'adoucissement des mœurs, dont notre siècle ne devrait pas tant se vanter, ni sur l'innocence du régime impérial. Il ne sera peut-être pas brûlé, ni roué, ni écartelé comme au moyen âge, mais il peut être fusillé, la nuit, comme V***; ou empoisonné, comme mademoiselle M***; ou emprisonné cinq ans, comme Miot; ou déclaré fou, comme Sandon ; ou guillotiné, comme

Charlet; ou égorgé dans une salle basse des Tuileries, comme les cuisiniers dans l'*Affaire du bouillon*; ou tué par un spadassin dans un duel déloyal, comme le peintre de D*** à Fontainebleau; ou forcé de se tuer lui-même, comme M. de R***; ou enlevé par des agents secrets, comme M*** à Londres; ou pendu, comme les prisonniers du colonel Dupin. Le moins qui puisse lui arriver, c'est d'être expatrié, ruiné, affamé, espionné, dénoncé, expulsé, calomnié par des magistrats prévaricateurs ou par des ministres plénipotentiaires de la police française.

Mais comme la persécution sert toujours l'idée persécutée dans la juste proportion de la somme de vérité que renferme cette idée, il s'ensuit que le champion d'une idée se soucie médiocrement du danger et reçoit les coups gaiement :

« Il chante au chevalet, rit aux lampes ardentes, »

surtout quand ces lampes ardentes sont des foudres de police qui éclairent une situation, sans foudroyer personne, et montrent tout à coup au persécuteur épouvanté, devant lui, une légion, et derrière lui, l'abîme.

C'est l'histoire de ma brochure, résumons les circonstances.

Si la publication n'avait pas été faite à Paris, et à la fin de l'empire; si l'auteur n'avait pas été poursuivi, jugé et condamné; si poursuivi, il n'avait pas fui la justice impériale; si la condamnation prononcée à Paris n'avait pas été répétée comme un écho dans dix capitales de l'Europe; si la saisie opérée sur 5,000 ex. à Paris n'avait pas été renouvelée sur 50,000 en Allemagne, en Italie, en Espagne; si Napoléon III, avec plus de zèle que d'intelligence, n'avait pas pris soin de me lancer plus loin qu'aucun fermier d'annonces n'aurait pu le faire; s'il n'avait pas mis en campagne, pour me servir, ses ambassadeurs, ses chargés d'affaires et ses consuls, toute sa police et toute sa diplomatie ; s'il n'avait prodigué généreusement, au profit de mon succès, toute cette puissance restée depuis, hélas! inutile pour le sien; s'il n'avait fait ce jour-là un bon usage de cette publicité immense dont il dispose, et qu'il a quelquefois employée plus mal ; s'il n'était pas venu, avec sa troupe et sa musique, faire la parade à ma porte, pour attirer le monde; s'il n'avait pas crié *urbi et orbi :* « Voilà ce qui vient de paraître! » si le ciel ne m'avait pas envoyé cet éditeur providentiel ; si je n'avais eu l'heur de rencontrer pour une publication utile la haute coopération réservée ordinairement à des publications d'un autre genre, le concours de l'administration et la faveur d'une recommandation on ne peut plus officielle, enfin la toute-puissante réclame du plus grand puffiste des temps modernes, si je n'avais pas eu pour moi toutes ces circonstances, il est plus que probable que ma brochure n'aurait jamais été lue dans l'Amérique du sud, et que le bon Labiénus, n'ayant d'autre voix que la mienne pour publier sa gloire, cacherait, comme devant, son immortalité modeste au fond des *Controverses de Sénèque le rhéteur*, et connu seulement de M. Patin, dormirait encore sur ses anciens lauriers.

On voit que je n'hésite pas à reconnaître ce que je dois à l'empereur : grâce à lui, le cri de justice que j'ai poussé à Paris a retenti dans les deux mondes et les échos des deux continents l'ont renvoyé dans toutes les langues ; Paris surtout, Paris, avec son million de voix, l'a répété si bien que le pauvre homme providentiel en était abasourdi, et que, depuis Boudet jusqu'à Boitelle, tout son Olympe en a tremblé. Voilà ce qui s'est passé ; ma part en tout ceci est moins grande qu'on ne l'a faite : j'ai été aidé.

Je voyais la France deux fois républicaine ensevelie sous l'empire; je voyais toute cette honte sur toute cette gloire, et j'ai protesté de mon mieux. Je suis un professeur révolté, l'empereur m'impatientait, et je lui ai lancé mon dictionnaire latin à la tête, comme un jour Luther lança à la figure du diable, son encrier.

Le coup a porté; tant mieux! mais il ne faut pas en exagérer le mérite, lorsque tant d'autres pouvaient en faire autant. On m'a loué à l'excès, mais je crois savoir à quoi m'en tenir; on m'a félicité à outrance, j'en prends mon parti; j'ai reçu des bouquets et des pavés, je fais mon profit des deux. Si j'ai été surfait par Bonaparte, ce n'est pas ma faute; si l'opinion m'a placé trop haut, c'est son affaire et non la mienne; je suis depuis dix mois un de ses enfants gâtés : quand elle sera lasse de me porter, elle me mettra par terre. Je n'y puis rien. Me bien juger est l'affaire des autres, la mienne est de bien faire, c'est-à-dire de faire de mon mieux. Ma vie tout entière ne suffirait pas à mériter les éloges qu'on a donnés à ma brochure; je ferai sans doute tous mes efforts pour m'en rendre moins indigne, mais j'ai une autre ambition : celle de contribuer pour un dix-millionième à la délivrance de mon pays.

Francfort, 28 février 1860.

LES PROPOS
DE LABIENUS

LES PROPOS

DE LABIENUS

Ceci se passait l'an VII après J.-C., la trente-huitième année du règne d'Auguste, sept ans avant sa mort; on était en plein principat, le peuple-roi avait un maître. Lentement sorti de cette vapeur de sang qui avait empourpré son aurore, l'astre des Jules montait et versait une douce lumière sur le forum silencieux. C'était un beau moment! La curie était muette et les lois se taisaient; plus de comices curiates ou centuriates, plus de *rogations*, plus de *provocations*, plus de *sécessions*, plus de *plébiscites*, plus d'*élections*, plus de désordre, plus d'armée de la république, *nulla publica arma*, partout la paix romaine, conquise sur les Romains; un seul tribun, Auguste; une seule armée, l'armée d'Auguste; une seule volonté, la sienne; un seul consul, lui; un seul censeur, lui encore; un seul préteur, lui, toujours lui. L'éloquence proscrite allait mourir dans l'ombre des écoles; la littérature expirait sous la protection de Mécène; Tite-Live cessait d'écrire; Labéon, de parler; la lecture de Cicéron était défendue; la société était sauvée.

Pour de la gloire, on en avait sans doute, comme il convient à un empire qui se respecte; on avait ferraillé un peu partout; on avait battu les gens, au nord, au sud, à droite, à gauche, suffisamment; on avait des noms à mettre au coin des rues et sur les arcs de triomphe; on avait des peuples vaincus à enchaîner en bas-reliefs; on avait les Dalmates, on avait les Cantabres, et les Aquitains, et les Pannoniens; on avait les Illyriens, les Rhétiens, les Vindéliciens, les Salasses et les Daces, et les Ubiens, et les Sicambres, et les

Parthes, rêve de César, sans compter les Romains des guerres civiles, dont Auguste eut l'audace de triompher contre la coutume, mais à cheval seulement, par modestie. Il y eut même une de ces guerres où l'empereur commanda et fut blessé en personne, ce qui est le comble de la gloire pour une grande nation.

Cependant les sesterces pleuvaient sur la plèbe; le prince multipliait les distributions; on eût dit que cela ne lui coûtait rien; il distribuait, distribuait, distribuait; il était si bon, qu'il donnait même aux petits enfants au dessous de onze ans, contrairement à la loi. Il est beau de violer la loi, quand on est meilleur qu'elle.

Pour les spectacles, c'était le bon temps qui commençait. On n'avait que l'embarras du choix : jeux du théâtre, jeux de gladiateurs, jeux du forum, jeux de l'amphithéâtre, jeux du cirque, jeux des comices, jeux nautiques et jeux troyens, sans compter les courses, les chasses et les luttes d'athlètes, et sans préjudice des exhibitions de rhinocéros, de tigres

4.

et de serpents de cinquante coudées. Jamais le peuple romain ne s'était tant amusé. Ajoutez que le prince passait fréquemment la revue des chevaliers et qu'il aimait à renouveler souvent la cérémonie du défilé, spectacle majestueux, sinon varié, et qu'il serait injuste d'omettre dans l'énumération des plaisirs qu'il prodiguait aux maîtres du monde. Quant à lui, ses plaisirs étaient simples, et, si ce n'est donna peut-être trop souvent la place légitime de Scribonie ou de Livie, soit à Drusilla, soit à Tertulla, soit à Térentilla, soit à Rufilla, soit à Salvia Titiscénia, soit à d'autres, et qu'il eut le mauvais goût, en pleine famine, de banqueter trop joyeusement, déguisé en dieu, avec onze compères, déifiés comme lui, et qu'il aima un peu trop passionnément les beaux meubles et les beaux vases de Corinthe, au point quelquefois de tuer le maître pour avoir le vase, et qu'il fut joueur comme les dés, et qu'il fut toujours un peu enclin au vice de son oncle, et que, dans sa vieillesse, son goût étant devenu plus délicat, il ne voulait plus admettre à l'honneur de son intimité que des vierges, et que le soin de lui amener lesdites vierges était confié par lui à sa femme Livie, qui, du reste, s'acquittait avec un grand zèle de ce petit emploi; si ce n'est cela et quelques menus suffrages, qui ne valent pas même la peine d'être mentionnés, Suétone assure que, en tout le reste, sa vie fut très-réglée et à l'abri de tout reproche. Donc c'était une heureuse époque que cette ère julienne, c'était un grand siècle que le siècle d'Auguste, et ce n'est pas sans raison que Virgile, un peu exproprié d'abord, indemnisé ensuite, s'écrie que c'est le règne de Saturne qui revient.

Il y avait bien, çà et là, quelque ombre au tableau; il y avait eu une dizaine de complots, autant de séditions, et cela gâte un règne; c'étaient les républicains qui revenaient. On en avait tué le plus qu'on avait pu, à Pharsale, à Thapsus, à Munda, à Philippes, à Actium, à Alexandrie, en Sicile, car la liberté romaine avait la vie dure; il n'avait pas fallu moins de sept tueries en masse, sept égorgements, pour la mettre hors de combat; les légions semblaient sortir de terre, suivant le vœu de

Pompée; on avait donc tué consciencieusement ces républicains toujours renaissants; mais combien? Trois cent mille, peut-être, tout au plus; c'était bien, ce n'était pas assez; il y en avait encore. De là quelques petites contrariétés dans la vie du grand homme. Au sénat, il lui fallait porter une cuirasse et une épée sous sa robe, ce qui est gênant, surtout dans les pays chauds, et se faire entourer de dix robustes gaillards, qu'il appelait ses amis, et qui n'en étaient pas moins pour lui une compagnie fâcheuse.

Il y avait aussi ces trois cohortes qui traînaient derrière lui leur ferraille, dans cette même ville où, soixante ans auparavant, il n'était pas permis d'entrer avec un petit couteau; cela pouvait faire naître quelques doutes sur la popularité du Père de la patrie. Il y avait ensuite Agrippa qui démolissait trop; mais il fallait bien faire un tombeau de marbre pour ce grand peuple qui voulait mourir. Il y avait encore le préfet de Lyon, Licinius, qui pressurait trop sa province; il ne savait pas tondre la bête sans la faire crier; c'était un administrateur ignorant et grossier, qui se contentait de prendre l'argent où il était, c'est-à-dire dans les poches, procédant sans façon, manquant de génie dans l'exécution ; c'est lui qui imagina d'ajouter deux mois au calendrier, pour faire payer, deux fois de plus, par an, l'impôt mensuel à sa bonne ville. Du reste, il faut reconnaître qu'il partageait équitablement avec son maître le produit de son administration.

Les bonnes gens de Lyon, ne sachant comment s'arracher cette sangsue de la peau, eurent la simplicité de demander à César le rappel de leur préfet, qui fut maintenu.

Il y avait encore certaine expédition lointaine dont on n'avait pas lieu d'être absolument fier ; le malheureux Varus avait été bêtement se faire écraser avec trois légions, là-bas, là-bas, par-delà le Rhin, au fond de la forêt Hercynienne. Cela fit mauvais effet. La guerre est comme toutes les bonnes choses, il ne faut pas en abuser. Elle a le mérite d'être un spectacle absorbant, la plus puissante des diversions, je le veux bien, mais c'est une ressource qu'il faut ménager; il ne faut pas jouer trop facilement ce jeu insolent et terrible, qui peut tourner contre celui qui le joue, et quand on est un sauveur, il ne convient pas d'envoyer trop légèrement à la boucherie les gens qu'on a sauvés; voilà ce qu'on pouvait dire; mais qui donc y pensait? à peine vingt mille mères, et qu'est-ce que cela, dans un grand empire? On sait bien que la gloire ne donne pas ses faveurs, et Rome était assez riche de sang et d'argent pour les payer. Auguste en fut quitte pour se cogner tout doucement la tête contre les portes, et pour faire une prosopopée qui, du reste, est devenue classique.

Il y avait enfin Lollius qui avait perdu une aigle; on pouvait s'en passer; et, quant aux finances, une ère nouvelle venait de s'ouvrir: la grande administration était inventée, le monde allait être administré. Le monstre-empire a cent millions de mains et un ventre, l'unité est fondée! Je travaillerai avec vos mains, et vous digérerez avec mon estomac, voilà qui est clair, et Ménénius avait raison, et je n'ai que faire de l'avis du paysan du Danube.

Si ce système entrainait quelques abus, s'il y avait de temps en temps quelque famine, ce n'était là qu'un nuage dans le rayonnement de la joie universelle, une note discordante qui se perdait dans le concert de la reconnaissance publique, et tous ces petits malheurs qui, d'aventure, ridaient la surface de l'empire, n'étaient à vrai dire que d'heureux contrastes et de piquantes diversions ménagées à un peuple heureux par sa bonne fortune, pour le reposer de son bonheur et lui donner le temps de respirer ; c'était comme l'assaisonnement du régal, juste assez pour rompre la monotonie du succès, tempérer l'allégresse et prévenir la satiété. On étouffait de prospérité : il y a des bienfaits qui accablent et des bonheurs qui font mourir.

Qui donc, en cet âge d'or, qui donc pouvait se plaindre? Tacite dit que, sept ans plus tard, à la mort d'Auguste, il ne restait que peu de citoyens qui eussent vu la république; il en restait encore moins de ceux qui l'avaient servie : ils avaient été emportés par les guerres civiles, ou par les proscriptions, ou par les exécutions sommaires, ou par l'assassinat, ou par le prison, ou par l'exil, ou par la misère, ou par le désespoir; le temps avait fait le reste; il restait quelques esprits chagrins, quelques vieillards moroses, et quant à ceux qui étaient venus au monde depuis Actium, ils étaient tous nés avec une image de l'empereur dans l'œil, et s'ils n'en voyaient pas plus clair, on avait lieu d'espérer du moins qu'ils seraient disposés à trouver belle la nouvelle face des choses, et même la plus belle de toutes, n'en ayant jamais vu d'autre. Donc la tourbe de Rémus était contente, et tout était au mieux dans le meilleur des empires.

En ce temps-là vivait Labiénus. Connaissez-vous Labiénus? C'était un homme étrange et d'humeur singulière. Figurez-vous qu'il s'obstinait à rester citoyen dans une ville où il n'y avait plus que des sujets. Comprend-on cela? *Civis Romanus sum*, disait-il; impossible de le faire sortir de là. Il voulait, comme Cicéron, mourir libre dans sa patrie libre;

imagine-t-on pareille extravagance ? Citoyen et libre, l'insensé ! Sans doute il disait cela comme plus tard Polyeucte disait : Je suis chrétien ! sans trop savoir ce qu'il disait. Le vrai, c'est que sa tête était malade ; il était atteint d'une dangereuse affection du cerveau ; du moins c'était l'avis du médecin d'Auguste, le célèbre Artorius, qui appelait ce genre de folie une monomanie raisonneuse, et qui avait ordonné de traiter le malade par la prison. Labiénus n'avait pas suivi l'ordonnance ; aussi n'était-il pas guéri comme vous allez voir, quand je vous l'aurai fait mieux connaître.

Titus Labiénus portait un nom honoré déjà deux fois par de bons citoyens. Le premier Labiénus, lieutenant de César, l'avait quitté lors du passage du Rubicon, pour ne pas être complice de son attentat ; le second avait mieux aimé servir les Parthes que les triumvirs ; notre héros était le troisième. Une ligne de Sénèque le rhéteur suffit déjà pour nous faire entrevoir cette grande figure, car nous y trouvons cette fière parole de Labiénus : *Je sais que ce que j'écris ne peut être lu* qu'*après ma mort*. Orateur et historien de premier ordre, parvenu à la gloire à travers mille obstacles, on disait de lui qu'il avait *arraché* plutôt qu'*obtenu* l'admiration. Il écrivait alors une histoire dont il lisait parfois, portes closes, quelques pages à des amis sûrs. C'est à propos de cette histoire que la condamnation des livres au feu fut appliquée pour la première fois, sur la motion d'un sénateur qui fut lui-même frappé, quelque temps après, de la peine qu'il avait inventée, et Labiénus eut ainsi, le premier à Rome, l'honneur, devenu commun plus tard, d'un sénatus-consulte incendiaire. C'est ce que M. Egger appelle judicieusement « les difficultés nouvelles que le régime impérial fit naître pour l'histoire (1). » Le pauvre historien brûlé, ne pouvant survivre à son œuvre, alla s'enfermer dans le tombeau de ses ancêtres, pour n'en plus sortir. Il croyait son œuvre anéantie; elle ne l'était pas. Cassius la savait par cœur, et Cassius, protégé par l'exil, était, comme il

(1) *Examens critiques*, p. 92.

disait lui-même, une édition qu'on ne brûlerait pas. Sans doute la mort de Labiénus fut aussi folle que sa vie; un livre brûlé, la belle affaire! est-ce qu'on se tue pour cela! Le sénat ne voulait pas la mort du coupable, il ne voulait que lui donner un avertissement; il fallait en profiter; mais cet homme prenait tout à rebours, et entendait toujours de travers, quand il entendait. Il était bien digne de figurer dans ce long défilé de suicides stoïciens qui venait de commencer, et parmi tous ces héroïques niais, tous ces opposants systématiques et absolus, enragés et absurdes, qui faisaient de leur mort même un dernier acte d'opposition, et s'imaginaient, en s'ouvrant les veines, faire un bon tour à l'empereur. Aucuns même se tuaient uniquement pour faire enrager le prince, qui en riait avec ses affranchis, et n'en était que plus persuadé de l'excellence de sa politique, en voyant que sa besogne se faisait toute seule. Labiénus était de ceux-là; vous voyez bien que c'était un imbécile; tel est l'homme dont nous voulons vous redire les propos, et vous verrez que dans ses propos, comme dans sa vie et dans sa mort, il fut toujours le même, c'est-à-dire un incorrigible. C'était un homme du vieux parti, puisque la liberté était passée ; un réactionnaire, puisque la république était une chose du temps jadis ; un ci-devant de l'ancien régime, puisque le gouvernement des lois était le régime d'autrefois ; en un mot, c'était une ganache.

Il était de ces méchants qui doivent trembler sous un gouvernement fort, pour que les bons se rassurent, et que la société, ébranlée jusque dans ses fondements, puisse se rasseoir sur ses bases. Ce n'est pas tout, Labiénus était ingrat : en plein césarisme, en pleine gloire, au milieu de cette surabondance de félicité publique et de cette fête immense du genre humain, il méconnaissait les bienfaits que répandait à pleines mains le second fondateur de Rome, le pacificateur du monde ; il avait à la fois les passions aveugles et les passions ennemies qui font les hommes dangereux et les citoyens funestes. Mais vous ne le connaissez pas encore. Sa passion man-

quant d'air et d'espace, dans l'étouffement du
principat, ne pouvant ni parler, ni écrire, ni
agir, ni se mouvoir, il passait des heures en-
tières sur le pont Sublicius, à voir couler le
Tibre, immobile et muet, mais le regard fu-
rieux, le geste menaçant, la poitrine gonflée
de l'esprit des anciens jours, comme une statue de Mars vengeur, comme un tribun pé-
trifié.

Il est doux de dormir, disait Michel-Ange,
ou d'être de pierre, tant que durent la misère
et la honte. Labiénus ne dormait pas, mais il
était de pierre, plus dur que le roc du Capitole
(*immobile saxum*). La tyrannie n'avait pas
prise sur lui, et l'empire n'y pouvait mordre;
c'était un Romain de la vieille roche, que rien
ne pouvait entamer. Seul, debout, comme
Coclès, entre une armée et un précipice, il
défiait l'une et l'autre : il défiait Auguste et
souriait à la mort. Dans tout cela, il y avait
du bon, si vous voulez ; mais à côté, quel caractère détestable et quel esprit mal fait !
Octave avait eu beau frapper une superbe
médaille, avec les trois mains entrelacées des

triumvirs, et cette sublime légende : *Le salut du genre humain!* cela encore lui déplaisait; il prétendait qu'on l'avait sauvé malgré lui, et il citait le vers d'Horace :

> Quand d'être ainsi sauvé je n'ai pas le dessein,
> Au diable le sauveur, qui n'est qu'un assassin !

Le vieux Labiénus était de ceux qui avaient vu la république, ce n'était pas sa faute; mais il avait la sottise de s'en souvenir, là était le mal. Il voyait maintenant un grand règne, et il n'était pas content. Il y a des gens qui ne le sont jamais. Il se croyait toujours au lendemain de Pharsale; quarante ans de gloire lui crevaient les yeux, sans les ouvrir; il avait l'air d'un homme qui fait un mauvais rêve, et la réalité pour lui n'était qu'une infernale vision. Il avait des étonnements naïfs ; il ne voulait pas croire que c'était arrivé. Épiménide (qui dormit cent ans), quand il se réveilla était moins étonné. Triste dans la joie universelle, sombre au milieu de l'orgie romaine, comme les deux philosophes du tableau de Couture, il était là et semblait vivre ailleurs; c'était un spectre dans une fête; vous eussiez dit un mort échappé des tombeaux de Philippes, une ombre curieuse qui vient voir. Quelquefois un ami le plaignait; lui, plaignait son ami. Le plus souvent, tout seul, il grondait dans son coin; il regardait passer l'empire. Il n'était guère possible de faire entendre raison à un pareil homme : il était d'un autre âge, exilé dans l'âge nouveau ; il avait la nostalgie du passé ; il n'avait rien appris, ni rien oublié ; il ne comprenait rien à l'époque présente; il avait tous les préjugés de Brutus, il était infecté d'opinions grecques qui n'étaient plus de mise à Rome depuis longtemps ; il avait l'air vieux comme les Douze Tables; il pensait encore comme on pensait du temps de Fabricius ou des Camilles chevelus. Et puis des idées fantasques et d'incroyables manies; surtout un goût bizarre, inexplicable, étrange: il aimait la liberté! Évidemment T. Labiénus n'avait pas le sens commun. Aimer la liberté! Comprenez-vous cela? C'était une opinion rétrograde, puisque la liberté était la chose ancienne ; les hommes nouveaux aimaient le régime nouveau. Il n'avait pas le sentiment des nuances, ni la notion du temps, ni l'intelligence des transitions.

Le temps avait marché, les idées aussi ; lui, restait planté là comme un terme ; il croyait encore à la justice, aux lois, à la science et à la conscience ; évidemment il radotait. Il parlait du parti des honnêtes gens, comme Cicéron ; il parlait de sénat, de tribuns, de comices, et ne voyait pas que tout cela était fondu comme neige dans le cloaque immense, et qu'il était presque seul sur le bord. Il comptait encore les années par les consuls, car Auguste avait laissé le nom pour faire croire à la chose, et lui, espérait ressusciter la chose en conservant le nom. Il préparait des discours au peuple, comme s'il y avait un peuple ; il invoquait les lois, comme s'il y avait des lois ; le principat n'était pour lui qu'une parenthèse de l'histoire, une page honteuse des annales romaines ; il avait hâte de tourner la page ou de la déchirer ; il disait toujours que cela allait finir, et il le croyait ; les gens le croyaient fou, et il l'était, comme vous voyez. Au demeurant, bonhomme, entêté plutôt que méchant, incapable de tuer un poulet, et de souhaiter le moindre mal à un homme, si ce n'est à Auguste, et encore! Il était si doux, qu'il était d'avis de ne l'envoyer qu'au bagne, tourner la meule, contrairement à l'opinion plus commune de ceux qui voulaient le mettre en croix. Il pensait d'ailleurs, avec les stoïciens, que le châtiment est un bien pour le coupable; il est donc vrai de dire qu'il souhaitait à Auguste le seul bonheur qui pût lui arriver : l'expiation.

Un jour qu'il se promenait sous le portique d'Agrippa, il rencontra Gallion. Junius Gallion était un jeune sage, comme Labiénus était un vieux fou. C'était un jeune homme sérieux et doux, instruit et élégant, poli, circonspect et prudent, un stoïcien modéré; espagnol et romain, citoyen et sujet, homme de deux époques et de deux pays, sang mêlé, opinion croisée, un peu ceci et un peu cela; tournant parfois, comme Horace, ses regards attendris sur le tombeau de la liberté, et les reportant, non moins attendris, sur le berceau de l'empire; donnant une larme à Caton, un sourire à César; caractère bienveillant, aimant un peu tout le monde, même Labiénus. Il était frère de Sénèque, qui n'osa pas vivre, et oncle de Lucain, qui ne sut pas mourir : on n'avait plus que des moitiés d'héroïsme et des tronçons de grandeur; peuple en ruines, avant ses temples; çà et là encore quelques demi-Romains. Gallion faisait des vers pour le favori de Mécène; les critiques l'appellent l'ingénieux Gallion. Enfin, il avait de l'esprit, car il fut proconsul. C'est de lui qu'on a nommé *gallionistes* les indifférents en matière religieuse; il aurait pu être un peu patron, du même genre, en matière politique. C'est ce que lui reprochait Labiénus. Et je crois que le sombre promeneur allait passer sans se soucier de le reconnaître, car Labiénus n'était pas aimable; il n'était guère plus affable que ces fameux sénateurs qui, fièrement assis au milieu du forum, reçurent un jour si froidement les Gaulois. Aussi Gallion ne se serait pas hasardé à lui caresser la barbe ; mais le jeune homme était si content, si ému, avait si grand besoin de trouver quelqu'un à qui dire la grande nouvelle qu'il venait d'apprendre, il était si curieux d'en voir l'effet sur Labiénus, qu'il l'aborda : — Bonjour, Titus ! *Quid agis, dulcissime, rerum ?* comment te portes-tu ? — Mal, si l'empire se porte bien.

— C'est bon, on sait bien que tu es toujours de mauvaise humeur ; mais j'ai une nouvelle à t'apprendre. — Il n'y a pas de nouvelle pour moi, tant qu'Auguste règne encore. — Allons, je sais que tu es en colère depuis trente ans, et que tu n'as pas ri une seule fois depuis le triumvirat ; mais voici ma nouvelle : les *Mémoires* d'Auguste viennent de paraître. — Et depuis quand les brigands font-ils des livres ? — Depuis que les honnêtes gens font des empereurs. — Hélas ! — Ainsi, mon cher Titus, tu ne liras pas ces *Mémoires?* — Je les lirai, Gallion, je les lirai, en pleurant de honte. — Et tu vas y répondre, les critiquer, faire un Anti-César, comme César a fait un Anti-Caton? — Non, Gallion, je ne veux rien publier sur ce sujet, je ne discute pas avec celui qui a trente légions ; dans un pays qui n'est pas libre, on doit s'interdire de toucher à l'histoire contemporaine, et la critique, en pareille matière, est impossible. — Tu ne veux pas éclairer le public? — Je ne veux pas contribuer à le tromper, car, par le temps qui court, sur de tels sujets, rien de ce qui paraît ne peut être bon, rien de ce qui est bon ne peut paraître. Je continuerai mon histoire secrète, dont j'enverrai les feuillets à Sévérus, en lieu sûr ; je sauverai la vérité, en l'exilant. — Mais on assure que la critique sera libre: la tyrannie donnera huit jours de congé à la littérature. — Ils ne pourront donner qu'une fausse liberté, une liberté de décembre, c'est-à-dire une liberté de carnaval, *libertas decembris*, comme dit Horace; je ne veux pas en user. Je ne veux pas, en écrivant contre le *livre*, me trouver placé entre la vengeance d'Octave et la clémence d'Auguste, sans avoir même le choix. Je ne veux pas, comme Cinna, donner au drôle l'occasion de faire le magnanime, et être exécuté par une grâce. Quant à louer le livre, je ne le puis que s'il est bon, auquel cas, je craindrais d'être confondu avec ceux qui le louent pour d'autres motifs. Il m'est donc aussi impossible de louer que de blâmer. Et d'ailleurs, le livre n'est pas bon et ne pouvait pas l'être. Quand un homme est assez coupable pour se faire roi, et assez sot pour se faire dieu, je pense qu'il ne saurait avoir toutes les qualités requises pour écrire l'histoire. Vous êtes sûr déjà qu'il n'a ni bon sens, ni bonne foi; alors, qu'est-ce qui lui reste? Il ne peut ni savoir la vérité, ni la dire, s'il la savait; alors de quoi se mêle ce porte-sceptre, et pourquoi s'avise-t-il d'écrire? Un roi historien doit commencer par abdiquer. Il ne l'a pas fait; mauvais signe. Et puis, j'en ai lu des passages. Il justifie les proscriptions et fait l'apologie de l'usurpation. Cela devait être. Et tu veux, Gallion, que je fasse la critique de cette œuvre d'ignorance et de mensonge, revêtue de l'approbation de deux mille centurions, et recommandée au lecteur par les vétérans. La critique! c'est le siége que tu devais dire. Et tu ne vois pas, mon petit Gallion, que c'est là un des meilleurs tours que le fils du banquier ait joués aux fils de la louve, qui, hélas! ne savent plus mordre, comme leur aïeule. Ah! Gallion, nous sommes dégénérés, nous sommes des Romains en décadence, tombés de César dans Auguste, et de Charybde dans Scylla; de la force dans la ruse, et de l'oncle dans le neveu! Pouah! Non, je ne veux pas tomber dans ce guet-apens littéraire, ni donner dans le panneau, ni surtout y faire tomber les autres; non, je n'écrirai pas sur les *Mémoires* d'Auguste. Le silence du peuple est la leçon des rois. Labiénus la donnera à Auguste.

Sois tranquille, d'ailleurs; si tu veux de la critique sur ce petit morceau de littérature impériale, si tu veux de fines appréciations, on t'en donnera; si tu veux de savantes dissertations, il en pleuvra; si tu veux d'ingénieuses et piquantes observations, des aperçus pleins de nouveauté, des discussions élégantes et courtoises, soutenues d'un ton exquis par des gens du meilleur monde, tu en auras; si tu veux de la controverse à genoux et de la rhétorique à plat-ventre, et des épigrammes à surprise, dont la pointe chatouille au lieu de piquer, et des morsures qui sont des caresses, et des reproches sanglants qui font plaisir, et d'adorables gentillesses adroitement glissées sous l'apparence d'un jugement sévère, et de jolis petits mots tout aimables, délicatement enveloppés dans les plis d'une phrase féroce et rébarbative, et des bouquets de fleurs de latinité, et des flots d'éloquence mellifue, et des arguments offerts sur des coussins de velours, et des objections présentées sur un plateau d'argent, comme une lettre par un domestique, rien de tout cela ne te manquera, mon cher Gallion; nous allons voir danser le chœur des muses d'État, et c'est Mécène qui conduira le ballet. Les chastes sœurs ont quitté le Pinde pour le mont Palatin, et Apollon s'est mis dans la police. Donc Auguste est assuré d'avoir un public, des lecteurs, des juges, des critiques, des copistes et des commentateurs; il se trouvera des gens pour cette besogne. Qui a fait des Virgiles, peut faire des Aristarques; il lui en faut, il en aura!

Déjà toute la littérature est en liesse : Varius pleure de joie ; Flavus trépigne de tendresse ; Rabirius prépare ses tablettes ; Hatérius fera une lecture, et Tarpa une déclamation ; Pompéius Macer déclare que c'est un beau jour pour la morale, et commande trois exemplaires de luxe, pour les trois bibliothèques publiques qu'il vient d'organiser ; Fenestella va ajouter un volume à son Histoire littéraire ; Métellus, qui fait si bien les discours du prince, comptera les beautés oratoires de son livre, et Verrius, le grammairien, les beautés grammaticales ; Marathus, l'historiographe, donnera une analyse dans le journal de la cour, et Athénodore, le protégé d'Octavie, rédigera une paraphrase pour les dames, et les notules explicatives à la portée des princesses. En voilà dix, j'en connais mille ! ces gens-là vont défiler devant l'empereur, en criant à tue-tête, comme les chevaliers à la parade ; lui, cependant, aura une attitude pleine de modestie et de majesté ; son geste dira : Assez ! son sourire dira : Encore ! et la cohue s'égosillera de plus belle. Comme il a eu, pour applaudir ses actes, la populace des sept collines, il aura, pour louer son livre, la populace des auteurs; les applaudissements sont sûrs, mais ils ne peuvent venir que d'un côté; c'est même là une conséquence assez grotesque de sa situation littéraire unique. L'infortuné ne l'a peut-être pas prévue, mais je m'en moque; il réussira par ordre, c'est dur, mais je n'y peux rien. La toute-puissance a des inconvénients pour un auteur; tout n'est pas roses dans le métier d'écrivain couronné. La place n'est pas tenable, et Virgile y aurait perdu son latin. Mais il faut subir la loi qu'on s'est faite, et quand la honte est versée, il faut la boire. Attention donc, mon cher Gallion; la fête va s'ouvrir, elle sera bruyante et nombreuse; déjà les musiciens sont à leurs places, accordent leurs instruments et préludent au concert; regarde donc et écoute, si c'est ton goût; j'avoue que le spectacle ne laissera pas d'être assez réjouissant pour ceux qui peuvent rire encore.

Je sais que l'ouvrage comprendra la dernière guerre civile, et même la dernière année de Jules César. En bonne foi, mon cher Gallion, peux-tu prendre cela au sérieux? Auguste publiant un livre sur la révolution qu'il a faite! Que dire, selon toi, d'un criminel qui publie l'apologie de son crime? A mon sens, il commet un second attentat plus difficile, il est vrai, que le premier (car il est plus facile de commettre un crime que de le justifier), mais ce second attentat, s'il est plus difficile, est aussi plus coupable et plus funeste, car les victimes sont plus nombreuses, les conséquences plus durables. Le premier s'attaque à la vie des hommes, l'autre à leur conscience; l'un tue le corps, l'autre l'esprit; l'un opprime le présent, l'autre l'avenir. C'est le coup d'État dans la morale, la création du désordre, l'injustice systématisée, l'organisation du mal, la promulgation du non-droit, la proscription de la vérité, la défaite définitive de la raison publique, la déroute générale des idées, une bataille d'Actium intellectuelle. C'est le vrai couronnement d'un édifice de scélératesse et d'infamie, c'est aussi le seul possible.

Le livre d'Auguste, c'est sa vie érigée en exemple, c'est son ambition innocentée, c'est sa volonté formulée en loi, c'est le code des malfaiteurs, la bible des coquins; et c'est un pareil livre que vous voulez critiquer publiquement, sous le régime de son bon plaisir! Vous voulez faire à Auguste une opposition littéraire! Allons donc! de la critique contre Octave! quelle dérision! il n'a pas fait de critique contre Cicéron : Il l'a tué! Quoi! le misérable qui vous assassine, vous fait un sermon sur l'assassinat, et, avant de vous achever, il vous demande votre avis sur sa petite composition, mais votre avis, là, bien sincère, sur le fond et sur la forme, votre avis politique et littéraire; car il est artiste et bon enfant, et il veut savoir votre opinion sur son œuvre; et vous, bonnement, vous iriez la lui dire, et, le couteau sur la gorge, vous allez gentiment confabuler avec le bourreau! Gallion, mon ami, vous n'y pensez pas!

Que diriez-vous de Verrès faisant un livre sur la propriété? Est-ce que vous discuteriez avec lui? Les *Mémoires* d'Octave sont-ils donc autre chose? N'est-ce pas la théorie de l'usurpation, écrite par un usurpateur? C'est une école de conspiration, ouverte par un conspirateur impuni.

L'auteur n'y peut dire, après tout, que ce qu'il sait : il sait piller une ville, égorger un sénat, forcer un trésor dans un temple et voler Jupiter; il sait faire des fausses clefs, des faux serments et des faux testaments; il sait mentir au forum et à la curie, corrompre les électeurs, ou s'en passer; tuer ses collègues blessés, comme à Modène, proscrire en masse, et autres jeux de princes; il sait, suivant la méthode du premier César, comment on emprunte aux uns pour prêter aux autres, et se faire des amis des deux côtés; il sait, d'un vigoureux élan, franchir toutes les barrières et tous les Rubicons, puis, d'un bond suprême, s'enlevant au dessus des lois divines et humaines, faire le saut périlleux, cabrioler et tomber roi. Il sait tout cela, mais il ne sait pas un mot d'histoire, ni de politique, ni de morale, si ce n'est de la grande, c'est-à-dire de la morale des grands qui s'enseignait dans sa famille. On ne trouve donc rien dans son livre de ce qu'on a besoin de savoir, et on y trouve, à profusion, ce qu'il est dangereux d'apprendre. Il aime les vieux mots, les vieilles monnaies et les vieux casques, mais il n'aime pas les vieilles mœurs. Allez-vous discuter avec lui quelque point de grammaire, d'archéologie ou de numismatique? Sot qui lui ferait cet honneur. Vous voyez bien que ce serait là tomber dans son piége et jouer son jeu.

Les gens de sa sorte se sentent, quoi qu'ils fassent, au ban de la société ; ils en sont sortis violemment par un crime, ils veulent y rentrer doucement par la ruse. Ils n'ont plus qu'une ambition : se faufiler parmi les honnêtes gens. Pour cela, ils prennent tous les déguisements ; ils vont cherchant partout leur pauvre honneur perdu; on les voit, mendiants couronnés, quêter l'estime à toutes les portes; c'est la seule aumône qu'on ne puisse pas leur faire. Auguste en est là ; ce buveur de sang n'a plus qu'une soif : celle des louanges ; ce voleur de l'empire du monde ne veut plus voler qu'une chose : sa réhabilitation. Mais il tente l'impossible. L'effort impuissant et désespéré qu'il fait pour sauver quelques débris de sa réputation naufragée, cet effort suprême pour raccrocher son honneur à une dernière branche qui va casser, cette dernière lutte de César avec l'opinion qui l'écrase, a je ne sais quoi de lugubre et de comique, comme la dernière grimace d'un pendu, ou comme le sourire du gladiateur, qui veut mourir avec grâce. Le livre de César, c'est la toilette du condamné, c'est le salut du supplicié à la foule, en marchant au supplice. C'est la coquetterie du dernier jour. César était si sale, que le bourreau n'en eût pas voulu ; il se débarbouille un peu, pour embrasser la mort. Et il demande des lecteurs ! l'insolent ! des lecteurs pour César ! à quoi bon ? Il ose, dans une préface, adresser des questions aux lecteurs; mais c'est le licteur qui répondra.

— En attendant cette réponse, je vais lire les *Mémoires* d'Auguste.

— Et moi, répondit Labiénus, je vais relire les *Libelles* de Cassius.

APPENDICE

APPENDICE

PIÈCES JUSTIFICATIVES

I

TRIBUNAL CORRECTIONNEL.

(6ᵉ chambre)

PRÉSIDENCE DE M. VIGNON.

Affaire de presse. — La Rive gauche.
Les Propos de Labiénus.

A l'ouverture de l'audience du 25 mars, le tribunal a prononcé son jugement dans l'affaire Rogeard et Riqueur-Lainé.
En voici le texte :
« Le tribunal, etc..

« Donne défaut contre Rogeard, non comparant, quoique régulièrement cité, et statuant à son égard :

« Attendu que Rogeard a publié dans les premiers jours de ce mois une brochure de 20 pages, intitulée : *Les Propos de Labiénus* ; qu'une première édition, tirée à 1,200 exemplaires, a été mise en vente et vendue, et qu'une seconde édition, tirée à 5,000 exemplaires, a été saisie chez l'imprimeur Riqueur-Lainé ;

« Que cette brochure, sous les apparences d'une peinture de l'empire romain au temps d'Auguste, et sous le prétexte d'une conversation entre deux Romains : Gallion et Labiénus, au sujet de l'apparition des *Mémoires d'Auguste*, ne s'occupe, en réalité, que de la France et *du souverain qui la gouverne*, et que cette interprétation ne peut faire l'objet d'un doute ;

« Que sous ce voile l'auteur se livre sans relâche aux imputations les plus outrageantes et les plus diffamatoires *contre la personne de l'empereur* ;

« Que tantôt ces accusations sont *habiles et perfides*, et tantôt elles atteignent la violence et même le *délire des plus mauvaises passions* ;

« Qu'elles résultent de l'ensemble de cette brochure, et particulièrement des *six dernières pages* dont toutes les parties doivent être incriminées;

« Et qu'en publiant et faisant vendre cette brochure, Rogeard s'est rendu coupable *d'offenses commises publiquement envers la personne de l'empereur*, ce qui constitue le délit prévu et puni par l'article 86 du code pénal;

« A l'égard de Riqueur-Lainé :

« Attendu que cet imprimeur a reçu le manuscrit le 10 mars, qu'il a fait imprimer une première édition le lendemain, que sur une nouvelle commande, il a fait exécuter une seconde édition le lundi 13 mars, et que ce n'est que le 14 que les feuilles ont été saisies; qu'il n'est pas possible d'admettre que Riqueur-Lainé se soit ainsi occupé pendant quatre jours de l'impression de ces deux éditions, sans avoir pris connaissance soit du manuscrit, soit d'un des exemplaires imprimés qui ne comportent que vingt pages du format in-octavo;

« Que c'est d'autant plus inadmissible que si la première partie de cet écrit avait été insérée dans le numéro du 26 février du journal *la Rire gauche*, dont Riqueur-Lainé est l'imprimeur, la seconde partie avait été l'objet d'un tel désaccord dans la rédaction de ce journal, que le numéro du 5 mars n'avait pas paru, et que nécessairement l'imprimeur avait su, ou avait nécessairement recherché les causes de cette interruption ;

« Qu'en outre, on lui avait fait imprimer un avis pour annoncer aux abonnés que la seconde partie ne paraîtrait pas dans le journal, mais que le tout serait publié dans une brochure qui leur serait adressée, et que ce changement dans la publication de cet écrit était encore de nature à éveiller toute son attention ;

« Qu'enfin il savait les opinions de la rédaction de ce journal, qui avait remplacé un journal supprimé l'année dernière à la suite d'une condamnation judiciaire ;

« Que c'est donc sciemment qu'il a imprimé cette brochure qu'il savait destinée à être publiée et vendue, ce qui constitue la complicité prévue et punie par l'article 24 de la loi du 17 mai 1819 et les articles 59 et 60 du *Code pénal* ;

« Mais attendu que les antécédents de Riqueur-Lainé sont favorables, malgré deux condamnations encourues pour contravention aux lois sur la presse, et qu'il doit lui être tenu compte, dans une large mesure, de ce qu'il a retardé et arrêté la publication de la seconde édition de ladite brochure ;

« Lui faisant application de l'article 8 de la loi du 11 août 1848 et de l'article 463 du *Code pénal*, vu les articles précités ;

« Condamne Rogeard à cinq années d'emprisonnement et 500 fr. d'amende, et Riqueur-Lainé à un mois d'emprisonnement et 500 fr. d'amende ;

« Les condamne solidairement et par corps aux amendes et aux dépens ;

« Fixe à un an la durée de la contrainte par corps pour chacun d'eux.

II

TRIBUNAL CORRECTIONNEL DE VIENNE

Le tribunal correctionnel impérial et royal de Vienne, de par l'autorité à lui conférée par Sa Majesté impériale, royale, apostolique ;

Ouï les conclusions du ministère public impérial et royal, représentant dûment, en cette affaire, l'AMBASSADE IMPÉRIALE DE FRANCE ;

Confirme la confiscation faite par la police, de l'écrit intitulé : « *Anti-César, Propos de Labiénus*, par A. Rogeard, pour servir de commentaire à l'*Histoire de Jules César*, de Napoléon III ; »

Reconnaît dans cette brochure le délit d'insulte, passible des peines portées aux articles 488, 491, 493, 494, du Code ;

Et prohibe la propagation de cet écrit dont les exemplaires saisis devront être détruits.

Vienne, 15 avril 1865.

FIN.

TABLE

Histoire d'une brochure.   1
Les Propos de Labiénus.   57
Appendice.   71

En vente chez les mêmes libraires, à Bruxelles.

DU MÊME AUTEUR :

PAUVRE FRANCE! septième édition, 1 vol. in-18.
L'ÉCHÉANCE DE 1869, br. in-8°.

LE SEUL PORTRAIT
DE M. A. ROGEARD
Approuvé par lui, avec fac-simile d'autographe,

SE TROUVE CHEZ

CHARLES NEYT
Photographe, 73, Montagne de la Cour,
Et chez les libraires et marchands d'estampes près de Bruxelles.

Portrait carte . . . . 1 fr.
Grand portrait . . . . 10 fr.

www.ingramcontent.com/pod-product-compliance
Lightning Source LLC
LaVergne TN
LVHW050616090426
835512LV00008B/1516